Préface

La culture arabe a le mérite d'avoir traversé des millénaires d'histoire.

Les aniciens sages par leur parole ont transmis une vision qui ont survécu aux siècles et qui sont une expérience de vie jusqu'à aujourd'hui.

Vous vous apercevrez que les proverbes d'anviens sont toujours d'actualité et le seront encore pour des millénaires.

Prenez le temps de les lire, prenez le temps de la réflexion sur la signification de ces écrits pour y découvrir la richesse de la pensée arabe.

Ce recueil de plus de 100 proverbes est une partie des proverbes qui existe sous forme d'application mobile pour iPhone et Android.

Ces applications sont gratuites, téléchargez les pour les conserver toujours sur vous :

Proverbes Arabes par P. UNG

http://www.pung.fr/tel_provArabes.htm

Allonge tes pieds en proportion de ton tapis. Accroche ton sac là ou ta main peut arriver.

Cache ton dirham blanc pour ton jour noir.

Apprends à obéir avant de commencer à donner des ordres.

Qui vole un œuf peut voler un chameau.

C'est par ses branches que l'homme révèle ses racines.

La jeunesse a un beau visage et la vieillesse a un bel esprit.

Ce que fait la main droite, la main gauche n'a pas à le savoir.

Celui qui n'a pas d'ennemis n'a pas de valeur.

Ce que tu ne veux pas laisser savoir à ton ennemi, ne le dis pas à ton ami.

Si la pêche pouvait guérir, elle aurait dû commencer par soi-même.

Celui dont le cœur est ressuscité par l'amour ne mourra jamais.

En écoutant les conseils on évite le scandale.

Celui qui ment finit par croire
ses mensonges.

Celui qui plante un jardin,
plante le bonheur.

Celui qui se marie avec des dettes, donnera ses enfants pour intérêts.

Les actes des hommes sont à la mesure de leur grandeur.

Chez le potier, on sert de l'eau dans un pot ébréché.

Parfois, la sagesse sort de la bouche des fous.

Crois, si tu veux, que des montagnes ont changé de place ; mais ne crois pas que des hommes puissent changer de caractère.

La visite d'un ennemi chez un malade est pire que la maladie.

Dans la nuit noire, sur la pierre noire, une fourmi noire. Dieu la voit.

Quand la beauté part, ses traits restent.

Dans une passe étroite, il n'y a
ni frère ni ami.

C'est une honte d'enseigner le
bien aux gens sans le faire.

Embrasse la main que tu ne
peux couper.

Qui a été mordu par un
serpent craint la corde.

Est bien fou celui qui veut rester sage tout seul.

Quand tu es en colère, si tu es debout assis-toi, et si tu es assis allonge-toi.

Fiance ta fille, pas ton fils.

La fatigue est la ruine du corps et l'inquiétude est la ruine de l'esprit.

Il est revenu avec les bottines de Honaïn.

Le Diable n'apparaît qu'à celui qui le craint.

Il n'y a pas de malheur pire
que celui qu'on a.

Sois le fils de qui tu veux, mais
sois éduqué.

Il y a deux sortes de gens : ceux qui peuvent être heureux et ne le sont pas, et ceux qui cherchent le bonheur sans le trouver.

L'homme le plus sage est celui qui se rappelle toujours que chaque chose a une fin.

Jette ton cœur loin devant toi ; et cours l'attraper.

Le meilleur parmi vous est celui qui se comporte le mieux avec sa famille.

L'aiguille ne contient pas deux fils ni le cœur de deux amants.

Moi et mon frère contre mon cousin, moi et mon cousin contre l'inconnu.

L'air du Paradis est celui qui souffle entre les oreilles d'un cheval.

Si tu n'es pas un loup, les loups te mangeront.

L'ami de tout le monde est l'ami de personne.

Seul le fer peut couper le fer.

L'amour est un caravansérail :
on y trouve que ce qu'on y
apporte.

Certaines personnes ont les
corps des mules et les esprits
des oiseaux.

L'amour n'est pas à prendre,
mais à subir.

Avec la répétition même l'âne
peut apprendre.

L'argent dépensé en amour ne retourne pas à la bourse.

Celui qui a la main dans l'eau n'est pas comme celui qui la main dans le feu.

L'oisif joue avec le diable.

Quand tu vois les problèmes des autres, tu réalises que tes problèmes ne sont pas très graves.

L'oiseau sur le baobab ne doit pas oublier qu'il a porté des lunettes.

Celui qui n'a rien à faire se croit un juge.

L'optimiste regarde la rose et ne voit pas les épines; le pessimiste regarde les épines et ne voit pas la rose.

Toi tu veux, moi je veux, et Dieu fait ce qu'il veut.

La beauté est une demi faveur du ciel, l'intelligence est un don.

L'argent sans surveillance provoque le vol.

**La calomnie est l'arme ultime
de l'impuissant.**

**Le temps est maître de celui
qui n'a pas de maître.**

La chenille ne porte pas de lunettes quand elle boit l'eau.

Ne gaspille pas l'eau que tu as même si tu es à côté d'une rivière.

La cupidité est un éternel esclavage.

Le trop de quelque chose est un manque de quelque chose.

La dureté du cœur vient de la satiété.

La vie est un désert dont la femme est le chameau.

La fatigue est la ruine du corps et l'inquiétude la faucille de l'âme.

Ne baisse pas les bras, tu risquerais de le faire une minute avant le miracle.

La mort d'une bonne action,
c'est d'en parler.

Examine toujours ce qui est
dit et non celui qui parle.

Là où la diplomatie a échoué,
il reste la femme.

Le dromadaire ne voit pas sa
propre bosse.

La peine que l'on prend pour
un ami est un repos.

Qui veut faire quelque chose
trouve un moyen, qui ne veut
rien faire trouve une excuse.

La vie est un désert dont la femme est le chameau.

Quand tu lances la flèche de la vérité, trempe la pointe dans du miel.

Le chas d'une aiguille est assez grand pour deux ; le monde est trop étroit pour deux ennemis.

La vérité est amère mais ses fruits sont doux.

Le chat mordu par un serpent craint même une corde.

Dieu ne regarde ni vos corps, ni vos images mais il regarde vos cœurs.

Le cheval est un cadeau de Dieu à l'homme.

Le croyant est comme un arbre fruitier, on lui lance des pierres et lui il lance des fruits.

Le crocodile n'attend pas que
le gorille accouche.

Si tu veux savoir quelle place
tu occupes auprès de Dieu,
regarde quelle place Dieu
prend dans ton cœur.

Le Diable n'apparaît qu'à celui qui le craint.

La perfection n'est pas de ce monde, ne sont parfaites que les intentions.

Le mérite appartient à celui qui commence, même si le suivant fait mieux.

Rire sans raison, éducation à refaire.

Le monde est du côté de celui qui est debout.

Les chiens aboient, la caravane passe.

Le mot que tu retiens entre tes lèvres est ton esclave. Celui que tu prononces est ton maître.

Quand dieu ferme une porte, il en ouvre toujours une autre.

Le paradis de la terre se trouve entre les seins d'une femme, sur le dos d'un cheval, dans les pages d'un livre.

L'erreur n'est pas le monopole des imbéciles.

Le plus court chemin jusqu'au cœur d'un homme passe par son ventre.

Si tu veux que quelqu'un n'existe plus, cesse de le regarder.

Le temps sera le maître de celui qui n'a pas de maître.

Si vous entrez parmi les borgnes, fermez un oeil.

Le trop de quelque chose est un manque de quelque chose.

On peut vivre sans frère mais non pas sans ami.

Les chiens aboient, la caravane passe.

Qui ment pour toi, mentira contre toi.

Les dettes sont les ciseaux de l'amitié.

Les proverbes illuminent le discours.

Proverbes Arabes par P. UNG

http://www.pung.fr/tel_provArabes.htm

www.ingramcontent.com/pod-product-compliance
Lightning Source LLC
Chambersburg PA
CBHW071239240726
48654CB00009B/1131